María, una niña de doce años con una vida apacible, ve su mundo alterado una noche al escuchar ruidos extraños en la cocina. Lo que encuentra allí la deja sin palabras: ¡un sapo gigante está devorando su comida! A partir de ese momento, su realidad se pone patas arriba. En su desesperado intento por librarse de la criatura, María descubrirá que no todas las batallas se ganan con la fuerza. A veces, la clave está en escuchar, aceptar y atreverse a abrazar lo que llevamos dentro.

Valores implícitos

Este cuento invita a explorar nuestro interior con curiosidad y sin miedo. Nos enseña que todas las emociones, incluso las más extrañas o incómodas, traen un mensaje importante. Es un poderoso recordatorio de que aceptar lo que sentimos y cuidar de quienes queremos son los pilares esenciales para alcanzar la serenidad.

LA MIRADA DE DANIEL
Inteligencia emocional

Hay un sapo en mi cocina

© del texto e ilustraciones: Josema Barroso
© del diseño y corrección: Equipo BABIDI-BÚ

© de esta edición:
Editorial BABIDI-BÚ, 2025
Avda. San Francisco Javier, 9, 6ª, 23
Edificio Sevilla 2
41018 - SEVILLA
Tlfn: 912.665.684
info@babidibulibros.com
www.babidibulibros.com

Impreso en España
Primera edición: noviembre, 2025

ISBN: 979-13-87982-10-2
Depósito Legal: SE 1832-2025

Para todos los niños y todas las niñas que alguna vez se hayan sentido como María.

HAY UN SAPO EN MI COCINA

Josema Barroso

A veces, las cosas no son lo que parecen; a veces sí, pero otras cambian sobre la marcha. Ella nunca imaginó que viviría una experiencia capaz de transformar su manera de entender el mundo. Me refiero a María, una niña de doce años que disfrutaba de una vida tranquila junto a sus padres en una casa encantadora, situada en el corazón de un pequeño pueblo. Su día a día transcurría con normalidad: desayunaba y luego iba al instituto, donde se divertía en clase y después pasaba el rato con sus amigos y amigas en el recreo, especialmente con Lola, su inseparable compañera de aventuras. Por la tarde, al regresar a casa, dedicaba tiempo a sus tareas escolares y, una vez terminadas, era el momento de continuar la diversión con sus amigos y amigas del vecindario. El día finalizaba con una conversación familiar durante la cena.

Todo parecía ir bien: vivía en una casa bonita, sus padres la adoraban y sacaba buenas notas. Solía estar alegre y relajada casi siempre, aunque como cualquier persona, tenía momentos en los que no todo era tan perfecto. Ciertas situaciones la ponían de mal humor, como no sacar siempre sobresaliente en los exámenes o que le desordenaran la decoración de la estantería. A pesar de todo, había un pequeño secreto familiar que la ayudaba a evadirse de esas molestias: la deliciosa comida que le preparaba su padre con tanto esmero, sobre todo sus supercroquetas especiales. Ese sabor tan indescriptible siempre le arrancaba una sonrisilla.

Por desgracia, un nefasto accidente sacudió su rutina. Como cada día, María caminaba desde la entrada principal del instituto hacia su clase. Iba ensimismada en sus pensamientos, dándole vueltas a esos complejos problemas de matemáticas que le resultaban tan difíciles cuando, en un despiste, tropezó y cayó al suelo. Se había pisado los cordones sueltos. Pensó en su madre; siempre le advertía que un día se caería por llevarlos desatados, y así fue. Lo que no le dijo es que ocurriría delante de todos los compañeros.

Era uno de esos momentos en que los pasillos estaban atestados, con alumnos congregados como en un enjambre de abejas. El impacto fue más fuerte de lo que esperaba; la mochila se abrió y su contenido quedó desparramado por todo el suelo. No se lo podía creer, ¡qué vergüenza! Mientras se levantaba, sintió cómo todas las miradas se posaban sobre ella, y con el rabillo del ojo, pudo ver algunas caras con media sonrisa dibujada. Entre el barullo general, también percibió risillas y un murmullo que decía: «Seguro que no puede levantarse». No sabía quién lo había dicho, pero esa frase resonaba en su cabeza como un eco. Avergonzada, se dirigió con rapidez al cuarto de baño, sin dejar de pensar en los comentarios hirientes que había escuchado. Allí permaneció un buen rato, completamente absorta en la idea de su torpeza mientras algunas lágrimas caían lentamente por sus mejillas. Aunque no era la primera vez que enfrentaba críticas sobre su aspecto, en esta ocasión los comentarios calaron en su interior con una intensidad abrumadora.

Con el peso de esa desagradable experiencia nublando su mente, aún le quedaba por delante un largo día escolar: clases, recreo, exámenes... Sin embargo, la caída y los comentarios la habían dejado tan absorta que le fue imposible prestar atención al profesor. Tras la clase, se apartó de Lola y se refugió en la biblioteca durante el recreo, y superó el día como pudo.

Al llegar a casa, su padre notó su ánimo decaído y le preguntó qué ocurría. María respondió con evasivas, sin ganas de hablar. Entonces él recurrió al secreto de la familia: preparar sus célebres croquetas especiales. Durante la comida, logró arrancarle algunas sonrisas y, además, ¡las croquetas estaban más deliciosas que nunca! Parecía que el accidente había sido solo una mala experiencia, y María confiaba en que todo volvería a la normalidad al día siguiente.

En cambio, a medida que la hora de dormir se acercaba, una inquietud persistente la invadió, como si algo hubiera cambiado en su interior. Esa noche, después del incidente, se dirigió a su cama como era habitual y mientras trataba de conciliar el sueño, de manera inesperada, empezó a escuchar unos pequeños ruidos cuyo origen no lograba distinguir. Los sonidos eran muy peculiares, similares a golpes en el fango. Le causaban una gran preocupación, como si indicaran un grave problema: un misterio que la inquietaba profundamente. María se preguntaba: «¿Será algún ruido del baño? ¿Serán mis padres hablando? ¿O será que algo está pasando en la cocina?». Al no encontrar respuestas, decidió levantarse e investigar. Lo primero que hizo fue ir al baño, pero allí no había nada. Fue a la puerta de la habitación de sus padres y tampoco había nada raro. Pero cuando se acercó a la cocina... los oyó más fuerte. ¡Allí estaba! María, asustada, fue corriendo a la cama de sus padres para contárselo. Ellos se despertaron confusos, sin entender qué pasaba. Se acercaron a la cocina, pero no vieron nada ni escucharon ruidos, así que no le hicieron caso y le insistieron en que siguiera durmiendo porque al día siguiente había clase. María seguía inquieta mientras trataba de conciliar el sueño; intentó calmarse, convenciéndose de que los sonidos eran simplemente un malentendido. Lo que no sabía era que esa noche sería la primera de muchas.

Pasaron dos días durante los cuales los molestos ruidos persistieron. A pesar de ello, María logró encontrar algo de calma por las noches y pudo dormir. Al tercer día, de nuevo sonó ese ruido inquietante, pero esta vez sonaba más alto, llenando la habitación con su presencia perturbadora. Decidida a descubrir su origen, se encaminó hacia la cocina muy despacio, asustada pero resuelta a enfrentar la situación.

Al llegar al umbral de la cocina, quedó atónita ante lo que presenció: ¡no podía creer lo que sus ojos estaban viendo! Un sapo enorme iluminado por la luz del frigorífico. El sapo dirigió la mirada hacia ella; María se quedó estupefacta. Acto seguido, la criatura volvió su atención a la comida dentro del refrigerador, estiró su enorme lengua y agarró con gran destreza la comida del interior.

María no se lo creía. ¿Era real o estaba soñando? Muerta de miedo, se ocultó detrás de un mueble de la cocina. ¡No sabía qué hacer! Estaba muy, pero que muy confundida. Primero pensó en llamar a sus padres, pero recordó que no la tomaron en serio la última vez. Entonces, decidió enfrentar al sapo por sí misma. Con un nudo en la garganta, se acercó a él todo lo que el miedo le permitía y le dijo entre susurros:

—Oye, tú, ¿qué haces ahí? Veo que tienes mucha hambre, pero ¿por qué nos robas la comida?

Al no recibir respuesta, María le gritó:

—¡Eres un poco maleducado! ¡¡¡Chist!!! ¡Oye, que no puedes robarnos la comida! ¿Vas a parar o qué?

—¡NO! —respondió el sapo con la boca llena.

¡María no podía creerlo!

Su voz sonó como si cayera del cielo y María se quedó blanca e incapaz de reaccionar. Se quedó paralizada e indefensa ante la negativa del sapo. Él siguió comiendo y un silencio tenso se instaló en la cocina durante lo que parecieron horas, hasta que la alarma del reloj rompió la quietud. Eran las doce en punto. El sapo, sin inmutarse, miró el reloj y se marchó por la ventana.

María regresó a su cama, triste y enfadada por la culpa de haber permitido al sapo robar la comida. Se perdió en un mar de pensamientos y le costó mucho conciliar el sueño.

El aviso de su madre la despertó a la mañana siguiente; eran las ocho en punto y tenía que ir al instituto. Se levantó más cansada que cuando se acostó. Con la mente adormilada, se despegó de las sábanas, se vistió y se dirigió casi con los ojos cerrados a la cocina, para desayunar y coger el almuerzo.

Al llegar, su madre buscaba algo dentro del frigorífico.

—¡Qué raro...! No encuentro el chorizo. María, ¿tú sabes dónde está?

—Mmmm... —carraspeó, sintiendo la garganta seca—. No, no tengo ni idea, mamá.

—Bueno, qué le vamos a hacer, haré el sándwich con otra cosa.

De repente, mientras desayunaba sus cereales preferidos, un nerviosismo inesperado la invadió al recordar lo sucedido la noche anterior; su rostro se transformó. Aquellos recuerdos parecían una mala pesadilla. La preocupación la atravesó como una descarga eléctrica. La vergüenza por no haber logrado detener a la criatura le impidió confesarle a su madre lo ocurrido. «Probablemente fue mi culpa. ¡Fui YO quien dejó la ventana abierta! ¡Qué torpe! No me lo perdonarán. ¡No habrá comida suficiente para todos!».

A lo largo del día, la rutina transcurrió con normalidad: instituto, casa, parque y de vuelta a casa. Aun así, María no se sentía como siempre; estaba inquieta. ¿Qué depararía la noche?

Cuando el reloj marcó las once, antes de ir a cepillarse los dientes, María se detuvo en la cocina para asegurarse de que la ventana estaba bien cerrada. Luego, regresó a su habitación y se puso el pijama, lista para dormir. Tumbada en la cama, esta se sentía más fría que de costumbre, impaciente y ansiosa por lo que la noche traería.

Tal y como ella sospechaba y temía, al poco tiempo comenzaron los ruidos provenientes de la cocina. «¡¿Cómo es posible que mis padres no oigan estos sonidos?! Si he cerrado la ventana, ¡cómo es que vuelven a oírse!», se gritaba María a sí misma. «¡Tengo que hacer algo! Esta noche le paro los pies a este sapo estúpido. ¡Ya está!».

Con decisión, María se levantó, empuñó la almohada como escudo y una zapatilla como arma. Rebosante de valentía y furia, estaba dispuesta a hacerle frente a lo que fuera. Al llegar a la cocina, se encontró con el odioso sapo plantado frente al frigorífico, robando comida sin mostrar la más mínima inquietud ante su presencia. Con gran valentía, comenzó a atacar con todas sus fuerzas. Le lanzó la zapatilla y un tenedor, lo golpeó con la almohada, le gritó enfadada e incluso lo empujó y lo aporreó con sus propias manos. Pero nada. ¡NADA! La criatura permanecía impasible, como si nada le afectara, mientras ella seguía luchando con todas sus ganas y su creciente frustración. No había manera de hacerlo parar; ni siquiera se inmutaba, como si disfrutara de la situación.

Sin saber qué más hacer, María rompió a llorar y suplicó al sapo, tendida a sus pies, que se detuviera. La criatura la miró con desprecio y, justo en ese momento, sonó el reloj: eran las doce en punto. Sin más, el sapo se marchó y María se quedó desolada en el suelo. Sacó las pocas fuerzas que le que-

daban y, encogida, regresó a su cama con las mejillas llenas de lágrimas. La noche anterior la había dejado con una carga de culpa, pero María logró levantarse por la mañana con cierto optimismo, lista para buscar una solución. También se sentía nerviosa y sin apetito; la incertidumbre sobre lo que ocurriría al caer el sol la preocupaba.

Durante las clases, repasó mentalmente todas las formas de deshacerse del sapo; ya lo había intentado con la fuerza y no había servido de nada. Consideró pedir ayuda a algún compañero, pero ¿quién creería que un sapo gigante les robaba comida por las noches? Descartó esa opción. Además, recordó las risas que había sufrido cuando se cayó en el pasillo y no quería

volver a pasar por lo mismo. Pensó en explicárselo de nuevo a sus padres, con la esperanza de que esta vez le hicieran caso, pero ¿qué podrían hacer ellos para deshacerse del sapo? «Supongo que mis padres serán educados e intentarán convencerlo con buenas palabras», pensó María. «¡Ajá! Entonces yo también puedo hacerlo así. ¡Ya lo tengo! Esta misma noche lo engañaré para que se vaya».

Eran pasadas las once de la noche, la hora en que solían comenzar los ruidos, y María se dirigió a la cocina. Movida por la venganza, estaba decidida a mentir y manipular todo lo necesario para deshacerse de ese repugnante anfibio. Con elocuencia y orgullo, aunque movida por el asco, el miedo y la rabia, se preparó para dar su mejor discurso. Estaba dispuesta a utilizar todos los trucos posibles para expulsar al sapo de su hogar, aprovechando que desconocía que estaba tratando con una pequeña maestra del engaño. Tomó un cuaderno y un lápiz, pensando que así la tomaría más en serio.

María conversó con el sapo durante casi una hora, con una expresión respetuosa que escondía su odio interior. Utilizó sus mejores argumentos, midiendo cada milímetro de la conversación para acorralarlo con su lógica; de esta no saldría bien parado.

—Hola, muy buenas noches, señor sapo. Me llamo María. No quiero causarle molestias, pero me gustaría hacerle saber que lo que hace no es correcto. Si usted lo desea, podría ayudarle a cazar moscas, pero no puede seguir robándonos. Esta comida la necesitamos nosotros, y mis padres pronto notarán algo raro. Por favor, respóndame.

Pero nada, ni siquiera la miró; siguió comiendo sin alterarse. Sonaron las doce y, como siempre, se fue por donde entró. María no se lo podía creer. Todo este tiempo preparando su discurso para engañarlo y ni la había mirado. Incluso deseó que la hubiera atacado, gritado, ¡o algo! Ese vacío la dejó más desanimada aún, sin fuerzas, y no pudo más que irse a su cama arrastrando su propia sombra.

Eran cerca de las tres de la tarde y la familia se encontraba reunida en el comedor justo después de la comida. El sol se asomaba a través de las cortinas, bañando la habitación con una luz suave y cálida. En medio de este ambiente tranquilo, su madre la observaba con preocupación. María estaba sentada en el borde de la mesa, con la mirada distante y pensativa, como si estuviera sumergida en un mar de profundos pensamientos.

—María, llevas unos días comiendo poco, pero hoy ¡es que no has comido nada! Además, no te veo salir con tus amigas ni hacer las cosas que te gustan. ¿Te ocurre algo?

María torció el gesto, con la mirada vacía parecía titubear antes de responder.

—Ehh… No me pasa nada, mamá.

—Pero, María, mira las ojeras que tienes… Ya ni juegas con Lola después de clase.

Las palabras de su madre parecieron molestarla.

—¡Mamá! Ya te he dicho que no me pasa nada.

Se levantó irritada e indignada, se adentró en su habitación sin mirar atrás y cerró la puerta con un portazo sordo. Se quedó dándole vueltas al asunto, «estúpido sapo y qué idiota soy por no poder pararle los pies», se decía a sí misma.

Mientras tanto, sus padres se quedaron en el salón conversando en voz baja, compartiendo sus preocupaciones sobre el repentino cambio de actitud de su hija. María nunca había respondido de esa manera tan brusca. No entendían lo que le estaba sucediendo a su hija; su comportamiento resultaba demasiado extraño. Dialogaron sobre las raras ausencias de comida en el frigorífico y el repentino cambio en su estado de ánimo. Sabían que debían actuar para que esto cambiara.

El padre de María suspiró profundamente mientras se recostaba en la silla, tratando de encontrar las palabras adecuadas.

—No sé qué más hacer... Esto no es normal. No sé qué le pasa, pero no podemos seguir ignorándolo.

—Ya lo sé, cariño, pero quizá solo necesita más tiempo... No quiero presionarla más de la cuenta. Aunque es cierto que cada vez parece más distante, y esas ojeras tan marcadas... me preocupan —respondió la madre, con tono compungido.

María se encerró en su cuarto y sus padres decidieron darle algo de espacio, confiando en que todo se resolvería. La situación comenzaba a ser desesperante: había pasado toda la tarde enfurruñada en su habitación, y aunque ya era muy tarde, sus ojos seguían abiertos como platos.

Tumbada en su cama, escuchaba el incesante y molesto ruido proveniente de la cocina. Igual que otras veces, se levantó rumbo a la cocina, pero esta vez su actitud era diferente: caminaba con desgana, la mirada perdida en el suelo. No sabía qué esperar, simplemente se dejaba guiar por el ruido, como una zanahoria guía a un burro. Y allí estaba el sapo, un día más. Parecía gigante, con su piel húmeda y oscura, y sus ojos, fijos en María, brillaban con un destello casi burlón. Ella se detuvo, sintiendo un nudo en la garganta. Todo esto le resultaba demasiado familiar, pero a la vez, insoportablemente diferente. María dejó escapar un suspiro, sintiéndose pequeña y atrapada. Sabía que debía hacer algo, pero la fuerza la abandonaba cada vez que lo miraba. ¿Por qué siempre volvía? ¿Por qué no podía deshacerse de él? Se abrazó las rodillas, sintiendo el frío del suelo bajo su piel. Se quedó sentada con resignación, pensando en voz alta cerca de él.

—Ya no sé qué hacer, tendré que volver a decírselo a mis padres. Esta vez seré más insistente y seria. ¡Les mostraré en persona a este gordo sapo glotón!

El sapo, al escuchar esto, dejó de comer y se giró bruscamente hacia María, clavándole la mirada. El tiempo se paralizó y a María casi le dio un ataque de pánico. De repente, el sapo le habló con una voz grave y desagradable.

—Si haces eso, ¡te comeré a ti también!

María corrió hacia su cama, muerta de miedo. Se cubrió con la manta como la tierra cubre las raíces. Pasaron muchas horas con una sensación de peligro y vergüenza que la atormentaban, impidiéndole conciliar el sueño. Esta vez ni contar ovejas ni la música pudieron ayudarla. El cielo estaba encapotado y alguna gota había comenzado a caer, sumiendo el día en una atmósfera melancólica que encajaba perfectamente con el estado de ánimo de María. Hoy se encontraba en casa mientras escuchaba sus propios pensamientos y la lluvia de fondo. En el salón, sus padres murmuraban en voz baja desde hacía un buen rato, una conversación que María, intrigada, intentaba escuchar desde su habitación. De repente, la voz de su madre la sobresaltó; la estaba llamando para que se uniera a ellos en el salón.

—María, papá y yo hemos estado hablando y estamos preocupados, tenemos que decirte algo.

—¿Qué pasa, mamá? —murmuró María, con la boca casi cerrada.

—A ver… creemos que estás cogiendo comida por la noche.

—¡¿Yo?! ¡No! Yo no…

—No nos mientas, María —intervino su padre—. Cuéntanos qué te pasa.

—Es que no puedo explicarlo, pero de verdad que no es mi culpa. Seguro que si os lo digo no lo entenderíais. De hecho, ya lo intenté una vez y no me hicisteis caso…

—Por favor, no te niegues a hablar con nosotros —insistió su padre—. Explícate o tendremos que hacer algo.

—¡Yo no robo comida! ¿Encima vais a castigarme? Estoy flipando…

—María, tranquilízate —le dijo su madre, tratando de calmarla.

—¡Me da igual! Me voy a mi cuarto, paso de hablar con vosotros, nunca me entenderéis.

María volvió a su habitación, de donde no salió en todo el día, negándose incluso a bajar a cenar a pesar de las insistentes llamadas de su madre. Se sentía enfadada y triste, con la mente abrumada por todos los pensamientos amontonados en su cabeza. A pesar de eso, en medio de la turbulencia emocional, una idea brilló en su mente como un rayo de esperanza: planeaba desvelar la verdad esa misma noche.

Se le iluminó la cara al pensar en lo que iba a hacer. Primero se deslizaría suavemente por el pasillo, como un ninja en la oscuridad, hasta la puerta de la cocina. Después cogería un pequeño espejo y lo utilizaría para verificar la presencia del sapo. Por último, y tras confirmarlo, iría al dormitorio de sus padres, los despertaría discretamente y los guiaría hasta la cocina, pillando así al sapo infraganti. ¡Ya no la tomarían más por loca!

Y tal como lo había ideado, así sucedió. Bueno, al menos hasta que fue a buscar a sus padres, momento en que la historia cambia. En el dormitorio, entre susurros, María convenció a sus padres para que la acompañaran en silencio hasta la cocina, explicándoles que tenía algo importante que mostrarles. Confundidos por el sueño y la extrañeza de la situación, los padres la siguieron con incertidumbre. A medida que se acercaban a la cocina, el júbilo y la alegría invadían a María. ¡Por fin podría mostrarles la verdad!

Estaban los tres en la entrada, completamente en silencio y expectantes. María abrió la puerta de manera brusca y dijo:

—¡Ahí tenéis!

Sin embargo, no había nada. No podía creerlo; su plan había fracasado estrepitosamente.

—¿Qué es esto, María? No entiendo nada —dijo su padre.

—Ehhh, ¡¿pero...?! Os juro que aquí había un sapo gigante robándonos comida del frigorífico.

—¿Nos despiertas para esto? —intervino su madre.

—¡Que no, mamá! Os lo juro.

—Nos vamos a dormir porque es muy tarde, pero que sepas que mañana hablaremos muy seriamente.

—Pero, pero... —balbuceó María.

Sus padres regresaron a su habitación y María hizo lo mismo.

Era la una de la madrugada y aún estaba despierta, desconcertada por lo ocurrido. ¿Cómo había desaparecido el sapo? ¿Se estaba volviendo loca?

Esta experiencia marcó un punto de inflexión en la relación de María con sus padres. A partir de ese momento, la inquietud los embargó. Aunque entendían que su hija lidiaba con una situación difícil, su comportamiento también les resultaba molesto. Sabían que debían brindarle apoyo, pero era necesario establecer ciertos límites.

Todo se tornó más oscuro. Un velo de misterio cubrió cada rincón de la vida de María y su familia, y los secretos y las sospechas echaron raíces rápidamente entre ellos. Las discusiones reaparecieron, generando un clima de desconfianza y tensión en el hogar. María se encontraba sola en su batalla contra el sapo mientras sus padres experimentaban desconcierto y frustración al no comprender qué le ocurría a su querida hija.

María seguía sin poder controlarlo; había perdido la partida. El tiempo pasaba y lo único que parecía guiar su vida era intentar ponerle freno al monstruo de la cocina. Todo lo demás había tomado un papel secundario: sus amigos, su familia, el instituto, la música, el cine... Todo había perdido color, ya no sabía disfrutar de nada. Había comenzado a ver cómo sus notas caían en picado, y mirarse al espejo se volvió una tortura: temía no reconocerse y verse reflejada ¡con ojos de sapo!

Durante dos largas semanas, María visitó la cocina casi todas las noches, sin pronunciar una sola palabra. Ya no discutía, peleaba ni debatía con el sapo, simplemente lo observaba con pasividad y resignación. Se sentía impotente, incapaz de cambiar la situación, atrapada en una rutina que la desgastaba. Incluso llegó a cuestionarse si el sapo realmente estaba haciendo algo malo. ¿Acaso no tenía derecho a alimentarse también? Si ella tuviera que comer moscas en el estanque, ¿no entraría en la cocina para robar comida sabrosa, para encontrar algo mejor? La idea le parecía absurda, pero a la vez extrañamente lógica.

El conflicto ya no se limitaba a la cocina. María comenzó a ver ranas y sapos en los lugares más inesperados: en los restaurantes, mientras caminaba por la calle, en casa de su abuela —que siempre ponía mucha comida en la mesa—, en la cantina del instituto, incluso en los anuncios de chocolatinas que aparecían en la televisión. Era como si la vida se hubiera transformado en un campo de minas, donde cada esquina escondía algo que la incomodaba, una situación que prefería evitar, o algún comentario que le molestaba profundamente. Mientras tanto, su familia, desde la distancia a la que María los había colocado, la observaba con pesar y tristeza. Sentían el peso del fracaso por no poder ayudarla: la constante preocupación y la confusión ante una situación desconcertante que no sabían cómo afrontar. La atmósfera en el hogar estaba cada vez más cargada de tensiones y ansiedades, y sus padres soportaban sus propias inquietudes, intentando comprender lo que le pasaba a María y cómo podían apoyarla sin alejarla más.

A pesar de todo, en medio de este caos emocional, una chispa de inspiración surgió de entre las sombras, trayendo consigo un destello de esperanza. Su familia, sin saberlo, había encontrado una idea que iluminaría el camino como un haz de luz.

—Oye, ayer, mientras recogía los trastos del garaje, encontré mi antigua guitarra. Parece que el tiempo no ha pasado por ella —dijo el padre con una sonrisa.

—¿Sí? ¡No me lo puedo creer! Pasamos tantos momentos maravillosos con ella...

—¿Sabes qué? Recuerdo que le tocaba canciones a María cuando era más pequeña, lo pasábamos tan bien y, sin embargo, ahora...

—Me has dado una estupenda idea, voy a enseñársela a ver si se anima; recuerdo que le encantaba —concluyó la madre.

Los días se sucedían uno tras otro, monótonos como fotocopias, y María seguía sumida en el lamento de su rutina, intentando hacer sus deberes escolares. De repente, su madre irrumpió en su cuarto con una noticia inesperada: tendría su primera clase de guitarra ese mismo día. María se negó en un primer momento, pero la insistencia de su madre acabó por hacerla ceder, con la condición de que sería solo por esa vez.

La clase de guitarra resultó ser inesperadamente entretenida para María, quien, a pesar de sus dudas iniciales, no se arrepintió de haber asistido. Al volver a casa, algunas nuevas compañeras la invitaron a pasar un rato en el parque y, por supuesto, tuvo que ir para no parecer aburrida.

Llegó la noche y, con ella, sintió el apremiante impulso de visitar al sapo. Pero en lugar de eso, se tumbó en la cama cansadísima y, vencida por el agotamiento de aquel largo día, el sueño la venció, sumiéndola en un profundo sueño casi al instante.

Al despertar, sus pensamientos giraron de inmediato en torno a la visita fallida al sapo la noche anterior. Con preocupación, pensó: «Ayer no visité al sapo, seguro que robó comida». Luego llegó la resignación: «No puedo hacer nada contra él». Y, finalmente, la certeza: «Seguro que comió más». Se levantó y fue directa a la cocina, más concretamente al frigorífico, esperando sentirse apenada por el desastre que el sapo habría dejado. Sin embargo, al abrirlo, se llevó una grata sorpresa: el sapo no había robado nada. Esta visión le dejó una extraña sensación de alivio y desconcierto. «¿Cómo puede ser?», se preguntó, incapaz de comprender qué había ocurrido para que el sapo no estuviera.

Aunque la confusión persistía, el consuelo de tener el frigorífico intacto permitió que María disfrutara más del día. La noche llegó casi sin darse cuenta de lo rápido que había pasado el tiempo. Sentía la necesidad de visitar al sapo para resolver esta incógnita, pero esta vez no eran solo nervios; una nueva seguridad la impulsaba a investigar el porqué de esta rara ocurrencia.

A las once en punto, María se dirigió hacia la cocina para su encuentro nocturno con el sapo. Como era previsible, allí estaba él. Todo parecía un simple espejismo. ¡Vaya desilusión! Pero entonces… ¡se dio cuenta de un detalle! El sapo estaba extraño. ¿Acaso había reducido su tamaño? Sí, era más pequeño. ¿Era real o tan solo fruto de su imaginación?

María observó cómo el sapo devoraba su comida. Pero con cada segundo que pasaba, cuanto más lo miraba, más parecía crecer ante sus ojos. Cuando el reloj marcó la medianoche, indicando el final de su encuentro, María volvió a la cama. A pesar de la extraña experiencia, esta vez no se sintió tan derrotada como en otras ocasiones y logró conciliar el sueño con más facilidad.

El día siguiente transcurrió como de costumbre. Se había hecho de noche y María ya estaba en su cuarto lista para descansar. De nuevo, comenzaron los sonidos provenientes de la cocina, pero hoy María había tenido su segunda clase de guitarra y, al terminar, había estado con sus nuevas amistades, lo que la dejó agotada. Aun así, sentía el impulso de levantarse e ir hacia la cocina.

Con un pie ya en el suelo, recordó que por la mañana debía despertarse más temprano de lo normal para hacer unos recados con su padre y decidió no ir a la cocina para descansar más.

Varios pensamientos le sobrevinieron al considerar la posibilidad de que el sapo estuviera haciendo de las suyas en la cocina y que su ausencia empeorara la situación. A pesar de ello, recordó que hacía dos días el sapo no había aparecido cuando ella no fue a la cocina, así que no se levantó. Decidió permanecer en la cama y dejarse llevar por el sueño, superando esos pensamientos inquietantes.

Al día siguiente, le resultó casi imposible abrir los ojos cuando su padre la despertó por la mañana. Era muy temprano, todavía tenía las pestañas pegadas y el sol apenas se asomaba por el horizonte. Las insistentes llamadas de su padre la sacaron de la cama y María, como un robot, obedeció sin cuestionar. Para cuando por fin pudo distinguir entre sueño y realidad, ya estaba en la cocina. Abrió la puerta del frigorífico sin saber qué encontraría. La luz interior la despertó por completo y la hizo percatarse de una gran novedad: no faltaba comida. ¡Tampoco había venido esta noche! María cayó en la cuenta de que cuando no iba por la noche a la cocina, el sapo tampoco acudía. ¡Vaya descubrimiento! La alegría y el orgullo que sintió la llenaron de energía revitalizante.

Con este nuevo ánimo, comenzó las clases de ese día. Sorprendentemente, había logrado estar más atenta de lo habitual a las lecciones, incluso en matemáticas, su asignatura más difícil. Durante el recreo, charló un poco con algunas amigas que no paraban de preguntarle por su ausencia. Ella esquivaba el tema; no le apetecía hablar de ello en público. Anduvo buscando a su amiga Lola sin éxito. Llevaba tiempo sin verla y no tenía claro si era ella quien se había perdido o si Lola no aparecía. Se sentía muy a gusto con Lola, ella siempre la ayudaba con los problemas de matemáticas y se lo pasaban genial jugando al «¿Quién es quién?». A última hora tenía clases de Lengua, donde coincidían. Por fin, cuando se vieron, se saludaron y se sentaron juntas. Estuvieron haciendo los ejercicios propuestos por el profesor, con alguna pausa para charlar. Tenían muchas cosas en común, pero la más especial era su humor; siempre encontraban el momento para compartir una broma cómplice. No podían resistirse.

De vuelta del colegio, María caminaba hacia su casa cuando se cruzó de nuevo con Lola. Rápidamente se acercaron para conversar; se echaban de menos.

—Hola, María. Hacía tiempo que no nos sentábamos juntas en Lengua. ¿Qué tal?

—Sí, es verdad. Es que he estado algo rara últimamente.

—¿Y eso? ¿Por qué?

—Nada, no lo comprenderías. Es difícil…

—Pues si tú supieras… yo he estado igual.

—¿Sí? ¿Por qué?

—Es que no sé si contártelo, es un poco extraño, no sé… Si te lo cuento, ¿prometes no reírte de mí?

—Por supuesto, no voy a reírme, Lola. Somos amigas.

—Por favor, no te rías, de verdad. A ver… Hace un tiempo que hay en mi habitación un… ¡Ejem…! A ver, cómo lo digo. Hay un pequeño… gnomo, sí, un gnomo. Siempre está dando saltos de un sitio a otro y no puede parar quieto. Me está molestando, no me deja estar tranquila. Siempre que intento estudiar y concentrarme, viene a mi cuarto a distraerme. He intentado explicarlo en casa, pero cuando intento enseñárselo a mis padres, desaparece. Ellos dicen que soy una vaga y que me lo invento. Seguro que piensas que estoy loca…

¡María no daba crédito! Había alguien que estaba pasando por una situación tan extraña como la suya.

—No me lo puedo creer, Lola. ¡Claro que te creo! Tengo que contarte mi historia. Desde hace unas semanas, hay un sapo gigante que se dedica a saquear mi frigorífico por las noches y a comerse mi comida. ¡Si supieras todo, fliparías!

Estuvieron hablando muy entusiasmadas sobre estas extrañas visitas durante todo el trayecto de vuelta. Poder hablar del tema con alguien les resultó muy liberador; era como quitarse un gran peso de encima. Con esta descarga, María transcurrió el día algo más liberada, aunque aún llevaba consigo el peso de saber que el sapo podría regresar. Y lo haría. Había descubierto que, si no visitaba la cocina por la noche, el sapo tampoco lo hacía. De todos modos, un impulso la llevaba a querer dialogar con él; esta vez, no para convencerlo de marcharse, sino simplemente para hablar. Sentía una necesidad imperiosa de hacerlo. Era la hora, esa temida hora que llevaba persiguiendo en círculos durante todos estos días. Aún no sabía si era el sapo quien la perseguía a ella o era ella quien perseguía al sapo.

Esta vez se levantó de la cama con una extraña serenidad. Aunque el asco y la frustración aún estaban presentes, la calma prevalecía. Para sorpresa de todos (y con todos me refiero al sapo y a María), la entrada a la cocina no resultó ser un torbellino descontrolado. Todas sus emociones —el odio,

la ira, la vergüenza, la culpa, la frustración, el miedo, el asco…— parecían haber disminuido su intensidad. Seguían ahí, sí, pero ya no la desbordaban.

Dialogó con el sapo, abordando temas que iban más allá de la insistente exigencia de que se marchara para siempre y la previsible negativa de este. En esta ocasión fue diferente: le habló sobre el instituto, sobre su amiga Lola, sobre sus padres, sobre la guitarra… Y mientras trataban estos temas, parecía que el sapo la escuchaba con atención. Incluso su hambre pareció darle una tregua porque la lengua dejó de asaltar el frigorífico mientras sus miradas se encontraban.

Así sucedió este encuentro, tan agridulce como revelador: serena y a la vez nerviosa, satisfecha y enfadada. Como de costumbre, llegó el momento de retirarse, y cada uno regresó a su lugar habitual. Esta vez, María no terminó exhausta. La culpa no era abrumadora, así que tuvo fuerzas para reflexionar sobre lo ocurrido. Se quedó pensando en la cama un rato, imaginando el frigorífico, la comida, la conversación con aquel anfibio. Cayó en la cuenta de que el sapo había cambiado, era distinto en cada encuentro: sus manchas, sus colores, su tamaño y su forma. Todo era diferente. Siempre era el mismo sapo, pero nunca igual. Entre tanto pensamiento, llegó el sueño, y con él, el descanso.

A partir de esta experiencia, María afrontó su problema de manera diferente. Cada noche que pasaba sin ir a la cocina, sin pelear, sin luchar, el sapo se hacía más pequeño, más agradable, menos feo y menos molesto. Cuanto menos atención, tiempo y rabia le dedicaba, más fácil era manejarlo —porque eso sí, tenía que manejarlo—. De nada había servido enfrentarse a él, gritarle, pegarle, engañarlo o esconderlo. Nada funcionó; todo fue en vano. Solo cuando comprendió la verdadera naturaleza del sapo supo que no solo había llegado para quedarse, sino que posiblemente ya estaba allí antes de que ella lo descubriera. Tomó la decisión de dedicarle el tiempo mínimo y necesario, de no perderse en su juego, de no atascarse en el fango. Para llevar a cabo esta difícil decisión, sentía que tenía que apoyarse en su familia, la cual, aunque a veces no la comprendiera del todo, siempre había estado dispuesta a ayudarla y darle amor. Incluso habiendo comprendido todo esto, no resultó fácil dejar de ir por las noches a la cocina; siempre sentía ese impulso irrefrenable que la llevaba al frigorífico.

Durante el día, la duda la asaltaba: «¿Estaba tomando la decisión correcta? ¿Acaso dejarlo solo empeoraría las cosas?». Y por las noches, a veces el ruido era tan fuerte que le costaba mucho conciliar el sueño. Sus padres, en ocasiones, desconfiaban y le preguntaban cuando notaban la falta de comida.

En el instituto, en la televisión, en los libros, en todas partes, aparecían cosas relacionadas con los sapos, las ranas y los anfibios, lo que aceleraba su corazón y abrumaba su mente. En ocasiones, al limpiarse la cara por las mañanas, creía ver un reflejo naranja oscuro en sus ojos, como los del sapo. Fueron momentos complicados. Estar atenta a las cosas que le pasaban parecía sencillo, pero María había dejado de hacerlo durante mucho tiempo. Aunque pareciera sumergida en su rutina, ese anfibio siempre encontraba la forma de colarse entre algunos de sus pensamientos y empujarla hacia el fango. Fue un desafío volver a sentirse conectada con el presente. Este cambio sucedió tan poco a poco que ni siquiera era consciente de que lo estaba viviendo.

Un día, al salir de su clase de guitarra, María se acordó del sapo, pero esta vez lo hizo como algo del pasado, no como una preocupación presente. Había estado tan inmersa en la clase, concentrada en el tacto y el sonido de las cuerdas, en la coordinación al cambiar de acordes, en el ritmo, en las instrucciones del profesor, en el fluir de la melodía... Tan absorta estaba en la magia del instrumento que no había espacio para animales: ni sapos ni anfibios de ningún tipo. Lo mismo ocurrió luego con sus padres, cuando vieron juntos aquella película musical que su padre siempre recomendaba. Estaba tan envuelta en el ritmo de las canciones, sintiendo que ella, como protagonista, tocaba acordes magistrales con su guitarra, que, cuando quiso darse cuenta, había pasado una hora y media. Durante ese tiempo, el sapo había desaparecido por completo de su mente. Estos momentos de conexión con el presente se volvieron más frecuentes y más amplios, y cuanto más presente estaba en el aquí y ahora, más enterrados en la memoria quedaban sus miedos.

Encontró la fuerza que necesitaba en aquello que siempre la había hecho feliz: sus amigos y amigas, su familia, el instituto y, además, descubrió que le encantaba tocar la guitarra. Sus habilidades habían mejorado mucho: dominaba las escalas, tenía buen ritmo y ya se sabía varias canciones. La guitarra se convirtió en su nuevo pasatiempo favorito.

Su vida comenzó a recobrar su ritmo habitual y María empezó a sentirse mejor. Comenzó a alimentarse mejor, reconstruyó su estrecha amistad con Lola y entabló nuevas amistades. Juntas se convirtieron en confidentes, compartiendo risas y apoyándose mutuamente cuando tenían problemas. Las preocupaciones que antes la atormentaban empezaron a desvanecerse; apenas recordaba ya la caída en el pasillo del instituto. Incluso recuperó la confianza al mirarse en el espejo, sin temer verse con los ojos de sapo. Después de unas semanas, sus padres dejaron de estar tan preocupados y recobraron la confianza en María. Notaban el cambio en ella y se sentían muy felices de tener de vuelta a su querida niña. Se esforzaban diariamente por ser los mejores padres posibles y no perdían la oportunidad de proponer algún plan divertido, y no dudaban en ofrecer su hombro para llorar cuando ella lo necesitaba. Desde entonces, a la casa volvió un hábito que tenían olvidado: la música. Esta se convirtió en una parte fundamental de su rutina, compartiéndola en muchos de sus momentos familiares. María y su padre cantaban canciones antes de la cena, mientras su madre disfrutaba escuchándolos.

En cuanto al sapo, María cumplió la decisión que había tomado. La mayoría de las noches evitaba acudir a su encuentro en la cocina. Aunque no

nos podemos engañar, lo visitaba algunas veces… Pero esos encuentros eran diferentes, ya no eran tan tensos. El sapo había reducido su tamaño, sus colores eran más agradables, su forma más bonita… Había dejado de dar miedo. No desapareció, pero con el tiempo llegó a ser un sapo normal. A veces, cuando lo contemplaba serena, lo agarraba con tranquilidad y lo devolvía al estanque del jardín.

María a veces se pregunta si ese sapo estaba allí antes de que ella lo descubriera o si en todas las casas había seres similares, como duendes o gnomos. Aunque no podía saberlo con certeza, sentía que algunas personas tenían el don de verlos. Estas personas a menudo experimentan emociones difíciles: miedo, frustración, culpa y enfado. Sin embargo, también poseen la capacidad de entender cosas que no se pueden expresar con palabras. Sus emociones, aunque complicadas, les permiten conectar con los demás de una forma más profunda.

María reflexionó sobre su propia vida y sobre cómo esa criatura, que le provocaba malestar, la había llevado a mirar más allá de sus temores. A menudo, la presencia del sapo le recordaba momentos de dolor y tristeza; y, aunque le resultara incómodo, se dio cuenta de que incluso esas experiencias eran valiosas para su crecimiento. El sapo, a pesar de su desagradable naturaleza, le enseñó una lección valiosa. Aprendió a convivir con él y a aceptarlo, aun sabiendo que a veces le causaba dolor. Comprendió que debía comprometerse con la vida, sentirla y disfrutarla, incluso en medio de las dificultades.